Rendicontazione delle informative e strategie
per la transizione ecosostenibile

IL RUOLO DELLA TASSONOMIA ESG

ANTONIO SCHIOPPI

Con grande affetto e gratitudine, dedico questo libro ai miei amici, che mi supportano nelle sfide e mi danno energia. Siete la mia forza, la mia ispirazione e la mia luce. Grazie di cuore.

Antonio Schioppi, nato a Napoli, è ESG Strategy e Reporting Specialist del Gruppo BCC Iccrea. Ricopre la carica di Teaching Assistant alla LUISS Guido Carli, dove tiene numerosi seminari nell'ambito della Tassonomia ESG, ed è Presidente di Andaf Giovani Campania e Calabria. Ha altresì lavorato in Ernst & Young.

Adriana Rossi, nata a Foggia, è Professoressa Associata presso l'Università Mercatorum di Roma e Adjunct Professor per le cattedre di Pianificazione e Controllo e Analisi e Contabilità dei Costi presso l'Università LUISS Guido Carli e la LUISS Business School. Ha svolto periodi di ricerca all'estero presso la University of Florida (U.S.) e l'Università di Burgos (Spagna) ed è membro del gruppo di ricerca internazionale ERGO Accounting, Change and Society. Ha inoltre collaborato a vari progetti di ricerca in partnership con Ernst & Young, Barilla Center for Food & Nutrition e Sustainable Development Solution Network (SDSN).

Carmine Scoglio, nato a Belvedere Marittimo, è Responsabile della funzione Amministrazione, Bilancio e Fiscale del gruppo Terna S.p.A. e Vice Presidente dell'ANDAF, dove si occupa di coordinare i numerosi tavoli di lavoro dei comitati tecnici ed organizza numerosi eventi per la divulgazione delle best practices, tra cui quelli relativi alla rendicontazione di sostenibilità. Ha pubblicato numerosi articoli apprezzati dalla comunità dei direttori amministrativi e finanziari. Ha altresì lavorato in Poste Italiane.

Felicita De Marco, nata a Torino, è Head of Group Sustainability & ESG Strategy del Gruppo BCC Iccrea. Vanta un'esperienza significativa nel settore, avendo lavorato in Arthur Andersen e Deloitte prima di assumere ruoli chiave in BCC Banca Iccrea, nell'ambito delle funzioni Internal Audit, Coordinamento Esternalizzazioni e Authority Relations. È membro del Consiglio di amministrazione di BCC Energia (Consorzio che ottimizza i costi energetici ispirandosi al modello mutualistico delle

Banche di Credito Cooperativo) e iDEE (Associazione delle donne del Credito Cooperativo), dimostrando il suo impegno verso la sostenibilità e la parità di genere nel settore finanziario.

Gustavo Troisi, nato a Napoli è dottore commercialista e revisore albo MEF. Ha avviato la sua carriera in Arthur Andersen per poi lavorare in Romeo per la gestione di patrimoni immobiliari e in Enel con incarichi sia in Italia che all'estero. Founder di "consulenze integrate AFC, Risk, Sustainability development", ricopre altresì le cariche di consigliere nazionale di Federmanager e Presidente del Comitato Pianificazione e Controllo di Andaf. Tiene docenze presso primarie università pubbliche e private e nella Federmanager Academy.

Nicola D'Errico, nato a Torre Del Greco (NA) è Senior Manager in EY nella SSL FASS (Financial Accounting Advisory Services). Esperto in Corporate Reporting e Taxonomy, ha assistito negli ultimi anni importanti realtà quotate nell'implementazione della disclosure mandatory prevista dal Regolamento Taxonomy EU. Inoltre, è seminarista presso l'Università Cattolica del Sacro Cuore su tematiche AFC.

Silvana Toppi, nata a Milano, MBA conseguito nel Regno Unito, ha lavorato come direttrice finanziaria in HP Italy e come responsabile dei rischi e dei controlli operativi in HP WW, nonché come responsabile della business intelligence corporate e del controllo di gestione del Sud Europa in Vodafone. Oggi ricopre il ruolo di Group Head of Digital Administration Finance and Control in A2A ed è nell'Advisory Board di IPTPowerTech e di Andaf.

Indice

Prefazione 13

1. Introduzione 21

2. Il percorso europeo per la transizione
ecosostenibile 27

2.1. Il Green Deal europeo 27

2.2. Piano d'Azione per la Finanza Sostenibile ... 36

2.3. Tassonomia ESG come strumento per
monitorare il grado di transizione ecosostenibile ... 40

3. Il dispositivo normativo della Tassonomia
europea 45

3.1. Ambito di applicazione: le novità introdotte
dalla CSRD 45

3.2. Identificazione delle Attività Economiche
Ammissibili e/o Allineate alla Tassonomia
europea 48

3.2.1. Ammissibilità delle Attività Economiche ... 48

3.2.2. Allineamento delle Attività Economiche ... 49

3.2.3. Bussola per la Tassonomia europea 54

3.3. Gli Obiettivi della Tassonomia europea e la Definizione di Attività Abilitanti e di Transizione _____ 57

3.4. Informativa prevista per le imprese non finanziarie _____ 63

3.5. Informativa prevista per le Imprese Finanziarie _____ 75

3.5.1. Informativa prevista per i Gestori di Attività Finanziarie _____ 75

3.5.2. Informativa prevista per gli enti creditizi _____ 80

3.5.3. Informativa prevista per le imprese di investimento _____ 86

3.5.4. Informativa prevista per le imprese di assicurazione e di riassicurazione

4. Conclusione _____ 97

5. Postfazione _____ 100

ALLEGATO A. Regolamento (UE) 2020/852 del Parlamento europeo e del Consiglio del 18 giugno 2020 relativo all'istituzione di un quadro che favorisce gli investimenti sostenibili e recante modifica del Regolamento (UE) 2019/2088. _____ 105

ALLEGATO B. Regolamento Delegato (UE) 2021/2178 della Commissione del 6 luglio 2021 che integra il Regolamento (UE) 2020/852 del Parlamento europeo e del Consiglio precisando il contenuto e la presentazione delle informazioni che le imprese soggette all'articolo 19 bis o all'articolo 29 bis della Direttiva 2013/34/ue devono comunicare in merito alle attività economiche ecosostenibili e specificando la metodologia per conformarsi a tale obbligo di informativa. **106**

ALLEGATO C. Regolamento Delegato (UE) 2021/2139 della Commissione del 4 giugno 2021 che integra il Regolamento (UE) 2020/852 del Parlamento europeo e del Consiglio fissando i criteri di vaglio tecnico che consentono di determinare a quali condizioni si possa considerare che un'attività economica contribuisce in modo sostanziale alla mitigazione dei cambiamenti climatici o all'adattamento ai cambiamenti climatici e se non arreca un danno significativo a nessun altro obiettivo ambientale. **107**

ALLEGATO D. Regolamento Delegato (UE) 2022/1214 della Commissione del 9 marzo 2022 che modifica il Regolamento Delegato (UE) 2021/2139 per quanto riguarda le attività economiche in taluni settori energetici e il Regolamento Delegato (UE) 2021/2178 per quanto riguarda la comunicazione al pubblico di informazioni specifiche relative a tali attività economiche. **108**

ALLEGATO E. Regolamento Delegato (UE) 2023/2486 della Commissione del 27 giugno 2023 che integra il Regolamento (UE) 2020/852 del Parlamento europeo e del Consiglio fissando i criteri di vaglio tecnico che consentono di determinare a quali condizioni si possa considerare che un'attività economica contribuisce in modo sostanziale all'uso sostenibile e alla protezione delle acque e delle risorse marine, alla transizione verso un'economia circolare, alla prevenzione e alla riduzione dell'inquinamento o alla protezione e al ripristino della biodiversità e degli ecosistemi e se non arreca un danno significativo a nessun altro obiettivo ambientale, e che modifica il Regolamento Delegato (UE) 2021/2178 per quanto riguarda la comunicazione al pubblico di informazioni specifiche relative a tali attività economiche. **109**

ALLEGATO F. Regolamento Delegato (UE) 2023/2485 della Commissione del 27 giugno 2023 che modifica il Regolamento Delegato (UE) 2021/2139 fissando i criteri di vaglio tecnico supplementari che consentono di determinare a quali condizioni si possa considerare che talune attività economiche contribuiscono in modo sostanziale alla mitigazione dei cambiamenti climatici o all'adattamento ai cambiamenti climatici e se non arrecano un danno significativo a nessun altro obiettivo ambientale. **110**

ALLEGATO G. Archivio FAQs **111**

Bibliografia **112**

Prefazione

di Adriana Rossi, Gustavo Troisi, Nicola D'Errico e Silvana Toppi

Lo scenario della comunicazione aziendale è in forte trasformazione. La dinamicità dei mercati finanziari, le turbolenze politiche e l'impatto dirompente della globalizzazione hanno spinto le organizzazioni a un profondo ripensamento del modo di fare business e hanno, al contempo, reso urgente la necessità di un'informativa non-financial trasparente, chiara e affidabile.

D'altronde, la necessità di uno sviluppo sostenibile di lungo periodo, coadiuvato da organizzazioni responsabili e consapevoli dei propri impatti, è stata condivisa anche da istituzioni e policy makers di tutto il mondo. Nel settembre 2015, 193 paesi hanno definito e concordato 17 obiettivi di sviluppo sostenibile (SDGs) perseguendo l'idea di passare da un "business as usual" a una nuova concezione sostenibile del fare business.

Per riuscirci, le organizzazioni stanno affinando alcuni strumenti come i corporate reporting, strumenti elettivi di comunicazione azienda-stakeholder, che si stanno orientando sempre di più verso un'informativa omnicomprensiva del purpose e delle strategie aziendali al fine di comunicare le capacità dell'azienda di generare e distribuire valore nel lungo periodo. In tal senso, sempre di più gli investitori e i mercati si aspettano un'informativa più semplice ed efficace, corredata da un set di indicatori e KPIs comparabili e coerenti, in grado di valutare gli aspetti legati allo sviluppo sostenibile.

La spinta verso una maggiore armonizzazione e standardizzazione della disclosure di sostenibilità è confermata anche dal proliferare di istituzioni ed organizzazioni regolatorie e standard setter, oltre che dai più recenti interventi normativi. A livello europeo, le novità introdotte dalla Direttiva 2014/95/UE sulla comunicazione delle Non-Financial and Diversity Information hanno contribuito a istituzionalizzare, su base normativa, un approccio integrato alla pianificazione, gestione e rendicontazione d'impresa. Nel giugno 2022, il Consiglio e il Parlamento europeo hanno, inoltre, raggiunto un accordo circa le nuove modalità di comunicazione societaria in termini di sostenibilità, prevedendo, a partire dal 2024, l'entrata in vigore della Corporate Sustainability Reporting Directive (CSRD). Inoltre, l'emergere di due nuovi attori istituzionali nell'ambito della definizione di criteri di rendicontazione ESG - la Commissione europea (CE) in collaborazione con lo european Financial Reporting Advisory Group (EFRAG) e la International Financial Reporting Standards Foundation (IFRS Foundation) - ha ulteriormente animato il dibattito, dando ulteriore visibilità al c.d. Sustainability Reporting Momentum.

L'ingresso di nuovi protagonisti e i futuri impatti normativi sugli attuali sistemi di rendicontazione segneranno un cambio di paradigma rispetto agli approcci tradizionali di comunicazione di sostenibilità, tracciando scenari futuri che sicuramente vedranno al centro il dibattito tra accademia, practitioner e istituzioni, aprendo la strada a nuovi filoni di ricerca e analisi anche alla luce delle istanze di armonizzazione e convergenza degli standard di rendicontazione di sostenibilità, sollevate da molti, ma anche ampiamente criticate.

In questo clima in continuo mutamento, agenzie di rating ESG, gestori finanziari e fondi di investimento hanno progressivamente maturato proprie definizioni, criteri e metodologie nel selezionare portafogli di emittenti sostenibili. Criteri certamente validi e metodologie altrettanto rigorose, ma non universali e, quindi, non direttamente comparabili con altre offerte. In tal senso, la Commissione per diversi anni ha lavorato a una definizione univoca di quali attività economiche – e quali investimenti – potessero definirsi sostenibili, con il tutto ancora in corso di finalizzazione. D'altronde, è oramai universalmente riconosciuto quanto le performance delle imprese rispetto agli indicatori ESG siano direttamente correlate alle performance finanziarie aziendali: la sostenibilità tout court è divenuta un driver di differenziazione strategica, che gioca un ruolo estremamente importante nella costruzione della brand equity dell'impresa, garantendo un più alto livello d'impatto finanziario positivo nel lungo periodo.

In tal senso, serviva definire un primo "vocabolario" della sostenibilità, una guida pratica per politici, imprese e investitori su come investire in attività economiche che non impattino negativamente sull'ambiente. Utilizzando come strumento i criteri definiti nella Tassonomia UE, le imprese possono "ordinatamente" dichiarare in che misura le loro attività economiche (espresse in "CapEX", "OpEX" e Fatturato) sono sostenibili dal punto di vista ambientale, fornendo rilevanti informazioni a investitori, consumatori e stakeholder vari.

In questo contesto, il primo vero punto di riferimento per la comparabilità dell'informativa non finanziaria è di avere uno strumento e regole, comuni al mercato, utili a misurare, in parte, la propria performance in termini di sostenibilità, al fine di incrementare il livello di verificabilità. Questo, in ultima via, costituisce al pari un ottimo strumento che abilita la "connettività" con l'informativa finanziaria che ha potuto godere di anni e anni di consolidamento e riconoscimento da parte del mercato. Difatti, una delle sfide principali che le imprese si trovano ad affrontare si gioca intorno al concetto di connettività. Se per connettività si vuol far riferimento alla capacità di un'organizzazione di fornire una rendicontazione integrata di informazioni economico-finanziarie e di sostenibilità all'interno di uno stesso report, e alla capacità di creare connessioni fra diversi report allora, l'espressione 'informazioni di carattere non finanziario' è e sarà sempre più "obsoleta", imprecisa, perché implica che le informazioni di questa natura non siano pertinenti sul piano finanziario. Correttamente, invece, come suggerito dalla stessa direttiva, è preferibile utilizzare l'espressione 'informazioni sulla sostenibilità' di cui una prima reale attrice è proprio la Tassonomia UE, strumento con cui l'Europa si è posta all'avanguardia sul fronte della sostenibilità rispetto agli altri paesi.

La Tassonomia UE struttura dati grezzi includendo omogeneità ed efficacia nei processi decisionali, migliorando la previsione dei KPIs che dobbiamo assolvere per raggiungere il Green Deal, e aiuta a identificare nicchie di opportunità sia in categorie di investimento che di investitori e investimenti attraverso attività di benchmarking virtuosa. La verificabilità delle informazioni incluse nella Tassonomia UE sempre più integrata ai principi della Corporate Social Responsibility Directive (CSRD) è alla base della fiducia che informazioni complete e trasparenti danno agli investitori e stakeholders per continuare a lavorare lanciando prodotti e meccanismi di debito e di equity green (finanza sostenibile).

La sostenibilità, ancor prima di essere misurata, è il frutto di vision e strategia, ed è in fase di piano strategico che vengono analizzati, valutati e decisi i relativi progetti. Del resto, sono progetti che richiedono risorse finanziarie e change management ed in considerazione di ciò vanno valutate le opportunità e i rischi, anche quelli di non fare e procrastinare. CFO e

CRO, quali "timonieri della strategia", svolgono un ruolo fondamentale sia in fase di valutazione sia in fase di misurazione e monitoraggio. La CSRD e la valutazione del "doppio Impatto" non sono un esercizio teorico ma una "prova" di chiarezza di intenti, consapevolezza, "risk awareness" e resilienza. Per un CRO nulla di nuovo sul fronte, a condizione che abbia implementato un "risk appetite framework" sostanziale e manageriale ad uso e consumo di management, board e stakeholders. Era da molto tempo che non si vedevano istituzioni, istituti finanziari, investitori e aziende collaborare allo stesso tavolo per ottenere un obiettivo comune. L'urgenza del cambiamento climatico ha abilitato il tavolo di lavoro.

Questa pubblicazione si pone, in maniera innovativa, divulgativa, completa e semplice, l'obiettivo di dare una base comune di apprendimento a tutti i lettori da cui possono iniziare a contribuire al tavolo che comprende già oggi e comprenderà sempre più tutti, indistintamente dal settore in cui operano e dalla posizione ricoperta. Rappresenta una guida per una misurazione non solo rispettosa della compliance ma di supporto sostanziale al management per un approccio alla sostenibilità che crei valore e consenta tutte le valutazioni che progetti strategici richiedono nel corso del proprio deployment.

1. Introduzione

Il presente volume nasce con l'obiettivo di fornire alle imprese e ai professionisti una panoramica chiara e dettagliata delle normative europee in tema di sostenibilità ambientale, presentando la Tassonomia europea come strumento centrale per il monitoraggio della transizione ecosostenibile in linea con gli obiettivi del Green Deal. Questo lavoro si propone di essere una guida pratica e operativa, che accompagna il lettore attraverso i complessi meccanismi normativi e le indicazioni operative necessarie per conformarsi alle nuove direttive europee in materia di sostenibilità.

Il libro si apre con un'analisi approfondita del Green Deal europeo, una delle iniziative più ambiziose dell'Unione europea per affrontare le sfide globali legate ai cambiamenti climatici. Annunciato dalla Commissione europea nel dicembre 2019, il Green Deal ha come obiettivo trasformare l'UE in una società equa e prospera, con un'economia moderna ed efficiente sotto il profilo delle risorse, garantendo la neutralità climatica entro il 2050. Questo capitolo introduce i lettori agli obiettivi chiave del Green Deal, come la riduzione delle emissioni di gas serra del 55% entro il 2030 e il raggiungimento della neutralità climatica entro il 2050, oltre a delineare i progressi attuali e le sfide future.

Successivamente, il testo esplora il Piano d'Azione per la Finanza Sostenibile, elemento centrale del Green Deal. Questo piano mira a reindirizzare i flussi di capitale verso investimenti sostenibili, promuovendo la trasparenza e la gestione dei rischi legati alla sostenibilità nelle decisioni finanziarie. Viene illustrato come la Tassonomia europea, introdotta nel 2020, definisca criteri chiari per classificare le attività economiche sostenibili, aiutando così gli investitori a identificare e finanziare progetti che contribuiscono agli obiettivi ambientali dell'UE.

Inoltre, il libro si focalizza sulla Tassonomia ESG come strumento per monitorare il grado di transizione ecosostenibile. La Tassonomia dell'UE fornisce un linguaggio comune e una definizione chiara di ciò che può essere considerato un'attività economica sostenibile, riducendo il rischio di greenwashing e aumentando la fiducia degli investitori. Vengono descritti i benefici della Tassonomia, come il supporto agli investimenti verdi, la trasparenza e la comparabilità tra imprese e settori, e il monitoraggio dei progressi della transizione ecosostenibile.

La seconda parte del libro è dedicata alle indicazioni operative per le diverse tipologie di imprese. In questa sezione vengono analizzate in dettaglio le novità introdotte dalla CSRD (Corporate Sustainability Reporting Directive), che amplierà gradualmente l'ambito di applicazione del Regolamento sulla Tassonomia europea, estendendo gli obblighi di rendicontazione in materia di sostenibilità a un numero maggiore di imprese. Viene illustrato come le imprese possano identificare e allineare le loro attività economiche secondo i criteri della Tassonomia, distinguendo tra ammissibilità e allineamento, e viene presentata la "Bussola per la Tassonomia europea", uno strumento essenziale per facilitare l'implementazione e l'identificazione delle attività economiche sostenibili.

Particolare attenzione è rivolta alle FAQ (Frequently Asked Questions), che offrono una visione di alto livello e forniscono risposte chiare e concise alle domande più comuni sulla Tassonomia. Questo approccio rende il contenuto del libro accessibile anche ai lettori meno esperti, aiutandoli a familiarizzare con i concetti chiave e a comprendere meglio le implicazioni pratiche delle normative.

Nella sezione degli allegati, il libro riporta integralmente il Regolamento (UE) 2020/852 e i Regolamenti Delegati, fornendo una base normativa completa per chi desidera approfondire ulteriormente il tema. L'utilizzo di QR code che rimandano alla normativa completa online rappresenta un valore aggiunto, facilitando l'accesso alle fonti ufficiali e permettendo ai lettori di consultare rapidamente e facilmente i testi legislativi aggiornati.

Un concetto fondamentale che emerge in tutto il libro è l'impatto significativo che la Tassonomia ha avuto e continuerà ad avere sulle imprese. La Tassonomia ha spinto le imprese ad adeguare i propri processi, verificando rigorosamente i criteri di vaglio tecnico e di reporting. Con l'introduzione della CSRD, l'ambito di applicazione della Tassonomia si amplierà gradualmente, coinvolgendo un numero sempre maggiore di imprese e rendendo ancora più centrale l'importanza di conformarsi alle normative.

La Tassonomia non è solo uno strumento di conformità normativa, ma sta assumendo un'importanza crescente nelle logiche di pianificazione e controllo aziendale. I KPI previsti dalla Tassonomia diventano così elementi cruciali per misurare le performance di sostenibilità delle imprese, influenzando le strategie aziendali e i processi decisionali a tutti i livelli. Le imprese devono ora integrare questi KPI nelle loro attività quotidiane, assicurando che ogni aspetto della loro operatività sia allineato con gli obiettivi di sostenibilità definiti dalla Tassonomia.

In conclusione, questo lavoro si propone come un'opera completa e aggiornata, rivolta a tutte le imprese e i professionisti che desiderano comprendere e applicare le normative europee sulla sostenibilità. Attraverso un approccio pratico e dettagliato, il libro offre strumenti e indicazioni preziose per navigare nel complesso panorama normativo e contribuire attivamente alla transizione verso un'economia più verde e sostenibile.

2. Il percorso europeo per la transizione ecosostenibile

2.1. Il Green Deal europeo

Il Green Deal europeo rappresenta una delle iniziative più ambiziose e lungimiranti dell'Unione europea per affrontare le sfide globali legate ai cambiamenti climatici e promuovere una transizione verso un'economia sostenibile e a basse emissioni di carbonio. Annunciato nel dicembre 2019 dalla Commissione europea, il Green Deal si propone di trasformare l'UE in una società equa e prospera, con un'economia moderna, efficiente sotto il profilo delle risorse e competitiva, garantendo nel contempo una riduzione netta delle emissioni di gas a effetto serra fino a raggiungere la neutralità climatica entro il 2050.

Obiettivi Chiave e Progressi Attuali

- **Neutralità climatica entro il 2050:** L'UE si impegna a ridurre le emissioni nette di gas a effetto serra del 55% entro il 2030 rispetto ai livelli del 1990, con l'obiettivo finale di azzerare le emissioni nette entro il 2050 (Commissione europea, 2022a). Ad oggi, le emissioni sono diminuite del 31% rispetto ai livelli del 1990 (Commissione europea, 2022b). Questo risultato è stato raggiunto grazie a politiche di riduzione delle emissioni in vari settori, tra cui energia e industria. Nei prossimi anni, l'UE intende accelerare ulteriormente la riduzione delle emissioni attraverso l'implementazione di tecnologie innovative e il rafforzamento delle normative ambientali.

- **Economia circolare:** L'UE promuove un'economia che minimizzi gli sprechi e massimizzi il riutilizzo dei materiali, adottando il Piano d'Azione per l'Economia Circolare (Commissione europea, 2020a). Fino ad ora, sono stati introdotti regolamenti per aumentare il riciclaggio e ridurre i rifiuti plastici (Commissione europea, 2020b). Nel 2023, l'UE ha lanciato iniziative per migliorare la progettazione ecocompatibile dei prodotti e favorire il riutilizzo delle risorse. Le aspettative future includono l'espansione di queste misure per coprire ulteriori settori e prodotti.

- **Energia pulita:** L'UE ha fatto notevoli progressi nella transizione verso fonti di energia rinnovabile, migliorando l'efficienza energetica e integrando i sistemi energetici a livello europeo. Nel 2023, il 22% dell'energia consumata nell'UE proveniva da fonti rinnovabili (Commissione europea, 2023a), con l'obiettivo di raggiungere il 32% entro il 2030 (Commissione europea, 2023b). Nei prossimi anni, l'UE continuerà a investire in infrastrutture per l'energia pulita e a sostenere progetti di ricerca e sviluppo nel settore delle energie rinnovabili.

- **Edifici sostenibili:** L'iniziativa "Ondata di Ristrutturazioni" mira a ristrutturare gli edifici per migliorarne l'efficienza energetica e ridurre le emissioni. Dal 2020, sono stati stanziati fondi per incentivare la ristrutturazione di edifici pubblici e privati (Commissione europea, 2020c). Il tasso di ristrutturazione energetica degli edifici è aumentato, ma deve ancora accelerare per raggiungere gli obiettivi del Green Deal. Nei prossimi anni, l'UE prevede di ampliare questi programmi di finanziamento e di introdurre nuove normative per migliorare ulteriormente l'efficienza energetica degli edifici.

- **Mobilità verde:** L'UE promuove mezzi di trasporto sostenibili e infrastrutture per la mobilità a basse emissioni, come l'elettrificazione dei trasporti pubblici e privati. Ad oggi, l'adozione dei veicoli elettrici è in crescita, con un aumento del 10% delle vendite di auto elettriche nel 2023 rispetto all'anno precedente (Commissione europea, 2023c). L'UE sta anche investendo nella rete di ricarica per veicoli elettrici e nell'infrastruttura ferroviaria. Nei prossimi anni, si prevede un ulteriore aumento della mobilità elettrica e la promozione di soluzioni di trasporto a basse emissioni per le aree urbane e rurali.

- **Agricoltura sostenibile:** L'UE sta sviluppando pratiche agricole che proteggano l'ambiente e la biodiversità, riducano l'uso di pesticidi e fertilizzanti chimici, e promuovano il benessere animale. Nel 2023, sono state introdotte nuove normative per ridurre del 50% l'uso dei pesticidi entro il 2030 (Commissione europea, 2023d). Gli agricoltori ricevono incentivi per adottare pratiche agricole sostenibili, come l'agricoltura biologica e la rotazione delle colture. Nei prossimi anni, l'UE intende ampliare questi programmi di sostegno e introdurre ulteriori misure per proteggere la biodiversità e migliorare la sostenibilità delle pratiche agricole.

Strumenti e Finanziamenti

L'implementazione del Green Deal europeo implica un significativo investimento finanziario e la mobilitazione di risorse sia pubbliche che private. La Commissione europea stima che saranno necessari circa 1.000 miliardi di euro entro il 2030 per supportare questa transizione (Commissione europea, 2020d). Alcuni degli strumenti principali includono:

- **Fondo per una Transizione Giusta (Just Transition Fund - JTF):** Un fondo dedicato a sostenere le regioni e i settori economici maggiormente colpiti dalla transizione verso un'economia verde, garantendo che nessuno venga lasciato indietro. Ad oggi, sono stati stanziati 17,5 miliardi di euro per il JTF, con ulteriori finanziamenti previsti nei prossimi anni (Commissione europea, 2020e).

- **InvestEU:** Un programma che mira a mobilitare investimenti sostenibili attraverso garanzie di prestito e supporto agli investimenti privati. Fino ad ora, InvestEU ha mobilitato oltre 400 miliardi di euro in investimenti sostenibili (Commissione europea, 2020f).

- **Meccanismo per una Transizione Equa:** Comprende il JTF, un meccanismo di prestito pubblico per il settore privato e un sistema di assistenza tecnica per aiutare le regioni ad attuare i loro piani di transizione. Questo meccanismo ha già supportato numerosi progetti di transizione verde in tutta l'UE (Commissione europea, 2020g).

- **Strumento di Recupero e Resilienza (Recovery and Resilience Facility - RRF):** Parte del piano NextGenerationEU, destinato a sostenere la ripresa economica post-pandemia, con una forte enfasi su investimenti verdi e digitali. Ad oggi, oltre 700 miliardi di euro sono stati stanziati per il RRF, con una significativa parte di questi fondi destinata a progetti verdi (Commissione europea, 2020h).

Impatti e Sfide

L'implementazione del Green Deal europeo richiede l'impegno e la collaborazione di tutti gli Stati membri, delle istituzioni europee, delle imprese e della società civile. Alcune delle principali sfide includono:

- **Coordinamento e governance:** Garantire una governance efficace e un coordinamento tra i vari livelli di governo, settori economici e stakeholder. Ad esempio, la collaborazione tra diversi ministeri e agenzie nazionali è essenziale per l'attuazione coerente delle politiche ambientali.

- **Innovazione e ricerca:** Promuovere l'innovazione tecnologica e la ricerca per sviluppare soluzioni sostenibili e competitive a livello globale. Un esempio è il programma

Horizon Europe, che finanzia progetti di ricerca e innovazione nel campo della sostenibilità.

- **Equità sociale:** Assicurare che la transizione verso un'economia verde sia equa e inclusiva, affrontando le disuguaglianze sociali e regionali. Il Just Transition Fund è un esempio di strumento mirato a sostenere le regioni più colpite dalla transizione.

- **Resilienza economica:** Sostenere le economie locali e regionali nella transizione, minimizzando l'impatto negativo su occupazione e competitività. Ad esempio, la promozione di nuovi settori economici verdi può compensare la perdita di posti di lavoro in settori ad alta intensità di carbonio.

Ad oggi, il Green Deal ha già prodotto risultati significativi. L'UE ha approvato leggi fondamentali, come il Climate Law, che rende giuridicamente vincolante l'obiettivo della neutralità climatica entro il 2050 (Commissione europea, 2020i).

2.2. Piano d'Azione per la Finanza Sostenibile

Il Piano d'Azione per la Finanza Sostenibile è un elemento centrale del Green Deal europeo, progettato per reindirizzare i flussi di capitale verso investimenti sostenibili e per garantire la trasparenza e la gestione dei rischi legati alla sostenibilità nelle decisioni finanziarie. Questo piano si basa su tre obiettivi principali:

- **Reindirizzare i flussi di capitale verso attività sostenibili:** Per promuovere una crescita sostenibile, l'UE ha introdotto una serie di regolamenti, tra cui il Regolamento sulla Tassonomia, che definisce criteri chiari per determinare quali attività economiche possono essere considerate sostenibili. Questo strumento aiuta gli investitori a identificare e finanziare progetti che contribuiscono agli obiettivi ambientali dell'UE. Ad esempio, un progetto per la costruzione di parchi eolici o solari che soddisfi i criteri della Tassonomia può essere classificato come investimento sostenibile.

- **Incorporare la sostenibilità nella gestione del rischio:** Le istituzioni finanziarie sono incoraggiate a integrare i rischi ambientali, sociali e di governance (ESG) nei loro processi di gestione del rischio. Ciò include la divulgazione obbligatoria delle informazioni ESG, che migliora la trasparenza e consente agli investitori di prendere decisioni informate. Per esempio, le banche devono valutare l'impatto ambientale dei progetti che finanziano e includere queste valutazioni nelle loro decisioni di rischio.

- **Promuovere la trasparenza e la visibilità delle attività sostenibili:** La direttiva sulla divulgazione delle informazioni non finanziarie obbliga le grandi imprese a pubblicare informazioni sulle politiche, i risultati e i rischi relativi alla sostenibilità. Questo aumenta la trasparenza del mercato e facilita il confronto tra le imprese in termini di performance sostenibile. Un esempio è l'obbligo per le aziende di rendicontare l'impronta di carbonio delle loro operazioni e delle loro catene di approvvigionamento.

Progressi e Prospettive Future

Fino ad oggi, l'UE ha fatto notevoli progressi nell'attuazione del Piano d'Azione per la Finanza Sostenibile. Il Regolamento sulla Tassonomia è entrato in vigore nel 2020 e sta già influenzando le decisioni di investimento in tutta Europa (Commissione europea, 2020j). Ad esempio, il fondo pensione ABP, uno dei maggiori fondi pensione del mondo, ha annunciato che utilizzerà la Tassonomia dell'UE per allineare i suoi investimenti con gli obiettivi di sostenibilità.

Inoltre, la direttiva sulla divulgazione delle informazioni non finanziarie è stata ampliata per includere un maggior numero di imprese e per migliorare la qualità delle informazioni divulgate (Commissione europea, 2020k). Questo ha portato a una maggiore trasparenza e responsabilità tra le aziende, facilitando agli investitori la valutazione dei rischi e delle opportunità legate alla sostenibilità.

Nei prossimi anni, l'UE continuerà a sviluppare e perfezionare questi strumenti per garantire che il settore finanziario svolga un ruolo chiave nella transizione verso un'economia sostenibile. Ciò include l'introduzione di nuovi requisiti di divulgazione, la promozione di standard comuni a livello globale e il rafforzamento delle capacità delle istituzioni finanziarie di gestire i rischi legati alla sostenibilità. Ad esempio, è previsto l'ampliamento della Tassonomia per includere criteri sociali, oltre a quelli ambientali, per fornire una visione olistica della sostenibilità.

2.3. Tassonomia ESG come strumento per monitorare il grado di transizione ecosostenibile

La Tassonomia dell'UE è uno strumento chiave per monitorare il grado di transizione ecosostenibile, fornendo un linguaggio comune e una definizione chiara di cosa può essere considerato un'attività economica sostenibile. Introdotto come parte del Piano d'Azione per la Finanza Sostenibile, il Regolamento sulla Tassonomia dell'UE stabilisce criteri dettagliati per sei obiettivi ambientali: mitigazione dei cambiamenti climatici, adattamento ai cambiamenti climatici, uso sostenibile e protezione delle risorse idriche e marine, transizione verso un'economia circolare, prevenzione e riduzione dell'inquinamento e protezione e ripristino della biodiversità e degli ecosistemi.

Funzionamento e Benefici della Tassonomia

- **Definizione chiara e uniforme:** La Tassonomia fornisce una base scientifica per classificare le attività economiche come sostenibili, riducendo il rischio di greenwashing e aumentando la fiducia degli investitori. Ad esempio, per essere classificata come sostenibile, un'attività deve contribuire significativamente a uno degli obiettivi ambientali senza arrecare danni significativi agli altri.

- **Supporto agli investimenti verdi:** La Tassonomia aiuta a canalizzare i flussi di capitale verso attività che supportano la transizione verde. Gli investitori possono utilizzare i criteri della Tassonomia per identificare opportunità di investimento che contribuiscono agli obiettivi ambientali dell'UE.

- **Trasparenza e comparabilità:** Le imprese e le istituzioni finanziarie devono divulgare quanto le loro attività siano allineate con la Tassonomia. Questo aumenta la trasparenza e facilita la comparabilità tra diverse imprese e settori. Ad esempio, un'impresa che produce energia rinnovabile può dimostrare il suo contributo alla mitigazione dei cambiamenti climatici in modo chiaro e comparabile.

- **Monitoraggio dei progressi:** La Tassonomia consente alle autorità di monitorare i progressi della transizione ecosostenibile a livello macroeconomico. I dati raccolti attraverso la Tassonomia possono essere utilizzati per valutare l'efficacia delle politiche ambientali e per apportare eventuali correzioni.

Green Bond e Tassonomia dell'UE

I Green Bond sono uno strumento finanziario sempre più utilizzato per finanziare progetti che hanno un impatto positivo sull'ambiente. La Tassonomia dell'UE è stata integrata nel framework dei Green Bond, garantendo che i fondi raccolti tramite questi strumenti siano indirizzati verso progetti che rispettano criteri di sostenibilità chiari e scientificamente validati.

Esempi di impatto dei Green Bond:

- **Progetti di energia rinnovabile:** I fondi raccolti tramite Green Bond sono stati utilizzati per finanziare la costruzione di parchi eolici e solari in tutta Europa, contribuendo a ridurre le emissioni di gas serra e a incrementare la quota di energia rinnovabile nel mix energetico dell'UE.

- **Efficienza energetica negli edifici:** Green Bond hanno finanziato progetti di ristrutturazione energetica di edifici pubblici e privati, migliorando l'efficienza energetica e riducendo i costi energetici.

- **Mobilità sostenibile:** I progetti di mobilità sostenibile, come l'espansione delle reti di trasporto pubblico e l'infrastruttura per veicoli elettrici, sono stati finanziati attraverso Green

Bond, contribuendo a ridurre l'inquinamento urbano e migliorare la qualità dell'aria.

L'integrazione della Tassonomia dell'UE nel framework dei Green Bond garantisce che gli investimenti siano allineati con gli obiettivi di sostenibilità dell'UE, aumentando la credibilità e l'impatto di questi strumenti finanziari. La Tassonomia fornisce un chiaro riferimento per gli emittenti di Green Bond, aiutando a garantire che i fondi siano utilizzati in modo trasparente e responsabile.

In sintesi, la Tassonomia dell'UE è un potente strumento per guidare e monitorare la transizione verso un'economia sostenibile, fornendo chiarezza e coerenza nei criteri di sostenibilità e facilitando l'integrazione della sostenibilità nei mercati finanziari.

3. Il dispositivo normativo della Tassonomia europea.

3.1. Ambito di applicazione: le novità introdotte dalla CSRD

La Tassonomia europea, istituita dal Regolamento (UE) 2020/852, ha come obiettivo principale quello di stabilire criteri uniformi per definire quali attività economiche possano essere considerate ecosostenibili. Questo regolamento mira a indirizzare gli investimenti verso attività economiche che contribuiscono in modo sostanziale al raggiungimento degli obiettivi ambientali europei, contrastando il fenomeno del greenwashing.

Ambito di Applicazione Originale

Inizialmente, la Tassonomia europea si applica a:

- **Misure adottate dagli Stati membri o dall'Unione europea**: Obblighi imposti ai partecipanti ai mercati finanziari o agli emittenti in relazione a prodotti finanziari o obbligazioni societarie presentati come ecosostenibili.

- **Partecipanti ai mercati finanziari**: Inclusi quelli che offrono prodotti finanziari.

- **Imprese**: Tenute a pubblicare una dichiarazione di carattere non finanziario o una dichiarazione consolidata di carattere non finanziario ai sensi dell'articolo 19 bis o dell'articolo 29 bis della Direttiva 2013/34/UE.

Novità Introdotte dalla CSRD

La Corporate Sustainability Reporting Directive (CSRD) introduce un ampliamento graduale dell'ambito di applicazione del Regolamento, estendendo gli obblighi di rendicontazione in materia di sostenibilità a un numero maggiore di imprese. La CSRD richiede infatti che l'informativa di sostenibilità includa le specifiche della Tassonomia europea, portando a un incremento graduale del numero di entità obbligate a conformarsi.

Le principali novità sono:

- **Dal 2024**: Gli obblighi interesseranno gli enti di interesse pubblico (EIP) di grandi dimensioni con più di 500 dipendenti.

- **Dal 2025**: L'obbligo sarà esteso alle altre grandi aziende.

- **Dal 2026**: Saranno incluse le PMI quotate, gli istituti di credito non complessi e le imprese di assicurazione captive.

- **Dal 2028**: Gli obblighi si estenderanno anche alle imprese non appartenenti all'UE.

La CSRD introduce anche importanti novità in termini di quantità, qualità e comparabilità delle informazioni di sostenibilità richieste alle imprese, migliorando così la trasparenza e l'affidabilità delle dichiarazioni non finanziarie.

3.2. Identificazione delle Attività Economiche Ammissibili e/o Allineate alla Tassonomia europea

3.2.1. Ammissibilità delle Attività Economiche

Definizione: Un'attività economica è considerata ammissibile se è elencata negli atti delegati del Regolamento (UE) 2020/852 in corrispondenza di uno o più obiettivi ambientali. L'ammissibilità indica che l'attività ha il potenziale di contribuire in modo sostanziale a uno o più degli obiettivi ambientali definiti dalla Tassonomia.

Step per l'Identificazione:

1. **Identificazione del Settore**: Determinare il settore in cui opera l'azienda e le specifiche attività svolte, per comprendere il contesto operativo e le possibili implicazioni ambientali. Questo passaggio è cruciale per assicurare che le attività

analizzate siano pertinenti ai criteri ambientali definiti dalla Tassonomia.

2. **Mappatura delle Attività Economiche**: Convertire il codice Ateco dell'attività in codice NACE. Questo processo aiuta a standardizzare le classificazioni delle attività economiche per una corrispondenza più precisa con gli elenchi della Tassonomia, basandosi sulle descrizioni delle attività quando i codici non corrispondono direttamente.

3. **Associazione con la Tassonomia**: Confrontare le attività svolte dall'azienda con quelle elencate nella Tassonomia per determinare corrispondenze e valutare l'ammissibilità rispetto agli obiettivi ambientali. Questo confronto è essenziale per stabilire se un'attività può essere considerata sostenibile sotto i criteri della Tassonomia e se può contribuire a più obiettivi contemporaneamente.

3.2.2. Allineamento delle Attività Economiche

Definizione: Un'attività economica è allineata se, oltre ad essere ammissibile, soddisfa i criteri di vaglio tecnico ad essa associati, non arreca danno significativo a nessuno degli altri obiettivi ambientali e rispetta le garanzie minime di salvaguardia sociale.

Step per l'Identificazione:

1. **Verifica dei Criteri di Vaglio Tecnico**: Dopo aver stabilito l'ammissibilità, è essenziale verificare che l'attività rispetti i criteri di contributo sostanziale specifici per l'obiettivo ambientale di riferimento. Questo include l'analisi di come l'attività influisce sull'ambiente e contribuisce positivamente agli obiettivi di sostenibilità.

2. **Rispetto dei Criteri DNSH (Non Arrecare un Danno Significativo)**: Assicurarsi che l'attività non solo contribuisca positivamente ad un

obiettivo ambientale, ma anche che non arrechi danni significativi agli altri obiettivi della Tassonomia. Questo passaggio garantisce un approccio equilibrato e sostenibile nel lungo termine.

3. **Rispetto delle Garanzie di Salvaguardia Sociale**: Verificare la conformità alle norme internazionali relative alle garanzie sociali, come le linee guida dell'OCSE e i principi guida delle Nazioni Unite. Il rispetto di questi standard è vitale per garantire che le pratiche dell'azienda siano eticamente responsabili e socialmente sostenibili.

La distinzione tra ammissibilità e allineamento è fondamentale; un'attività può essere ammissibile senza essere necessariamente allineata alla Tassonomia. Per raggiungere l'allineamento, l'attività deve soddisfare tutti i criteri richiesti, garantendo un approccio olistico e rigoroso nel valutare l'impatto ambientale e sociale delle attività economiche sotto la Tassonomia europea. Questo processo garantisce che le aziende non solo aderiscano ai requisiti normativi ma promuovano anche una sostenibilità ambientale e sociale complessiva.

Focus: La compliance alle leggi nazionali è sufficiente per l'allineamento delle attività economiche?

Quando le leggi nazionali di uno Stato membro dell'UE sono meno stringenti rispetto ai criteri stabiliti dal regolamento europeo per l'allineamento alla tassonomia, le società possono conformarsi alle normative locali ma non risultare allineate ai criteri dell'UE. Questo succede perché i criteri dell'UE mirano a stabilire standard condivisi e più elevati a livello europeo.

A titolo esemplificativo, un'azienda che opera in diversi paesi dell'UE può trovarsi a rispettare regolamenti ambientali nazionali meno rigorosi rispetto ai criteri europei. Ad esempio, un'azienda può soddisfare le leggi ambientali nazionali che permettono un certo livello di emissioni di gas serra, ma non soddisfare i criteri dell'UE che richiedono livelli di emissioni più bassi. Questo porta l'azienda a essere conforme alle normative locali, ma non allineata ai criteri della tassonomia UE.

3.2.2.1. Allineamento parziale dell'attività economica

L'allineamento parziale si verifica quando un'attività economica, svolta dall'azienda in più stabilimenti, rispetta i criteri tecnici della tassonomia UE solo in parte dei suoi stabilimenti. Poiché per l'allineamento completo tutti i criteri devono essere soddisfatti in ogni stabilimento, se anche un solo stabilimento non rispetta tali criteri, l'attività complessiva dell'azienda sarà ammissibile, ma non completamente allineata.

Esempio di Allineamento Parziale

Immaginiamo un'azienda che gestisce un'attività di produzione sostenibile in cinque stabilimenti. Quattro di questi stabilimenti rispettano tutti i criteri tecnici della tassonomia UE, come l'uso di energie rinnovabili e la riduzione delle emissioni di gas serra. Tuttavia, un quinto stabilimento non riesce a soddisfare tutti questi criteri a causa di limitazioni tecnologiche. Di conseguenza, l'attività complessiva dell'azienda è ammissibile, ma non può essere considerata completamente allineata alla tassonomia UE perché uno dei suoi stabilimenti non rispetta tutti i criteri.

3.2.3. Bussola per la Tassonomia europea

La Bussola per la Tassonomia europea è uno strumento essenziale per facilitare l'implementazione e l'identificazione delle attività economiche ammissibili e allineate secondo i criteri della Tassonomia europea. Questo strumento offre un'interfaccia intuitiva che consente alle aziende e ai professionisti di navigare attraverso i complessi criteri della Tassonomia e di determinare rapidamente se le loro attività rientrano nelle categorie ammissibili e allineate.

Caratteristiche principali della Bussola:

- **Ricerca per Codice NACE**: Consente di inserire il codice NACE delle attività aziendali per verificarne l'ammissibilità.

- **Descrizione delle Attività**: Fornisce descrizioni dettagliate delle attività economiche ammissibili, aiutando a comprendere meglio i requisiti specifici.

- **Criteri di Vaglio Tecnico**: Offre una guida sui criteri di vaglio tecnico che le attività devono soddisfare per essere considerate allineate alla Tassonomia.

- **Criteri DNSH (Do No Significant Harm)**: Include indicazioni su come verificare che le attività non arrechino danno significativo agli altri obiettivi ambientali.

- **Garanzie Sociali**: Fornisce informazioni sulle garanzie minime di salvaguardia sociale che devono essere rispettate.

Utilizzo della Bussola: La Bussola per la Tassonomia europea è particolarmente utile per le imprese che cercano di allinearsi ai requisiti della Tassonomia. Utilizzando questo strumento, le aziende possono:

- Effettuare una prima valutazione dell' ammissibilità delle proprie attività economiche.

- Identificare eventuali lacune rispetto ai criteri di allineamento e pianificare le azioni correttive necessarie.

- Garantire una maggiore trasparenza e conformità nelle dichiarazioni non finanziarie, migliorando la fiducia degli investitori e degli altri stakeholder.

Incorporare l'uso della Bussola per la Tassonomia europea nei processi di valutazione delle attività economiche può significativamente semplificare il percorso verso la sostenibilità, facilitando la comprensione e l'applicazione dei complessi criteri della Tassonomia.

3.3. Gli Obiettivi della Tassonomia europea e la Definizione di Attività Abilitanti e di Transizione

Obiettivi Ambientali della Tassonomia

La Tassonomia dell'UE si articola in sei obiettivi ambientali principali, ognuno dei quali include diverse attività economiche suddivise per settore:

1. **Mitigazione dei Cambiamenti Climatici**: Ridurre le emissioni di gas a effetto serra per limitare l'aumento della temperatura globale.

   Comprende 101 attività nei seguenti settori:

   o **Silvicoltura**: 4 attività;
   o **Protezione e Ripristino Ambientale**: 1 attività;
   o **Manifatturiero**: 21 attività;
   o **Energia**: 31 attività;

- **Fornitura Idrica, Fognature, Gestione dei Rifiuti e Bonifica**: 12 attività;
- **Trasporti**: 20 attività;
- **Costruzioni e Immobiliare**: 7 attività;
- **Informazione e Comunicazione**: 2 attività;
- **Attività Professionali, Scientifiche e Tecniche**: 3 attività.

2. **Adattamento ai Cambiamenti Climatici**: Prepararsi agli impatti dei cambiamenti climatici già in atto e futuri, riducendo al minimo i rischi e cogliendo le opportunità.

Comprende 106 attività nei seguenti settori:

- **Silvicoltura**: 4 attività;
- **Protezione e Ripristino Ambientale**: 1 attività;
- **Manifatturiero**: 17 attività;
- **Energia**: 31 attività;
- **Fornitura Idrica, Fognature, Gestione dei Rifiuti e Bonifica**: 13 attività;

- Trasporti: 17 attività;
- Costruzioni e Immobiliare: 7 attività;
- Informazione e Comunicazione: 4 attività;
- Attività Professionali, Scientifiche e Tecniche: 3 attività;
- Servizi Finanziari e Assicurativi: 2 attività;
- Istruzione: 1 attività;
- Attività Sanitarie e di Assistenza Sociale: 1 attività;
- Arte, Intrattenimento e Ricreazione: 3 attività;
- Gestione del Rischio di Disastri: 2 attività.

3. **Uso Sostenibile e Protezione delle Acque e delle Risorse Marine**: Garantire la disponibilità e la qualità delle risorse idriche, proteggendo gli ecosistemi marini.

Comprende 6 attività nei seguenti settori:

- Manifatturiero: 2 attività;
- Fornitura Idrica, Fognature, Gestione dei Rifiuti e Bonifica: 4 attività.

4. **Transizione verso un'Economia Circolare**: Ridurre al minimo la produzione di rifiuti e promuovere il riutilizzo e il riciclo delle risorse.

   Comprende 2 attività nei seguenti settori:

   o **Attività di Protezione e Ripristino Ambientale**: 1 attività;
   o **Attività di Alloggio**: 1 attività.

5. **Prevenzione e Riduzione dell'Inquinamento**: Ridurre le emissioni inquinanti nell'aria, nell'acqua e nel suolo.

   Comprende 21 attività nei seguenti settori:

   o **Manifatturiero**: 2 attività;
   o **Fornitura Idrica, Fognature, Gestione dei Rifiuti e Bonifica**: 7 attività;
   o **Costruzioni e Immobiliare**: 5 attività;
   o **Informazione e Comunicazione**: 1 attività;

- **Riparazione, Ristrutturazione e Rigenerazione**: 6 attività.

6. **Protezione e Ripristino della Biodiversità e degli Ecosistemi**: Preservare e ripristinare gli ecosistemi naturali e la loro biodiversità.

   Comprende 6 attività nei seguenti settori:

   - **Manifatturiero**: 1 attività;
   - **Fornitura Idrica, Fognature, Gestione dei Rifiuti e Bonifica**: 3 attività;
   - **Gestione del Rischio di Disastri**: 1 attività;
   - **Informazione e Comunicazione**: 1 attività.

Tipologie di Attività Economiche nella Tassonomia

Per raggiungere tali obiettivi, la Tassonomia identifica due tipi specifici di attività economiche:

1. **Attività Abilitanti**: Attività che, pur non avendo un impatto ambientale significativo di per sé, permettono ad altre attività economiche di dare un contributo sostanziale agli obiettivi ambientali. Esempi di attività abilitanti sono la produzione di componenti per energie rinnovabili o lo sviluppo di tecnologie per la cattura e lo stoccaggio del carbonio.

2. **Attività di Transizione**: Attività che operano in settori ad alta intensità di emissioni e che sono in fase di transizione verso un modello di business più sostenibile. Queste attività devono dimostrare di contribuire alla mitigazione dei cambiamenti climatici, senza ostacolare lo sviluppo di soluzioni a basse emissioni. Un esempio di attività di transizione è la produzione di acciaio con

tecnologie a basse emissioni rispetto ai processi tradizionali.

È importante sottolineare che, per essere considerate "sostenibili", sia le attività abilitanti che quelle di transizione devono soddisfare i criteri di vaglio tecnico stabiliti dalla Commissione europea. Questi criteri definiscono le condizioni specifiche che un'attività economica deve rispettare per essere considerata in linea con gli obiettivi ambientali della tassonomia. Ad esempio, un'attività di produzione di energia da gas naturale potrebbe essere considerata "di transizione" solo se rispetta determinati limiti di emissione e contribuisce al phase-out del carbone.

Questa strutturazione aiuta a garantire che gli investimenti siano diretti in modo efficace verso attività che non solo sono ambientalmente sostenibili, ma che supportano anche una transizione organica verso un'economia più verde e responsabile.

3.4. Informativa prevista per le imprese non finanziarie

Le imprese non finanziarie sono soggette a specifici obblighi di informativa in merito alla sostenibilità delle loro attività economiche, come stabilito dal Regolamento Delegato (UE) 2021/2178, modificato dal Regolamento Delegato (UE) 2023/2486 della Commissione. L'obiettivo di questi obblighi è garantire la trasparenza e permettere agli investitori di valutare correttamente l'allineamento delle attività aziendali con gli obiettivi ambientali della Tassonomia europea.

Informazioni Quantitative

Indicatori Fondamentali di Prestazione (KPI) delle Imprese non Finanziarie

1. **Quota del Fatturato**:
    - **Definizione**: La quota del fatturato associata ad attività economiche ammissibili e allineate alla tassonomia.

- **Modalità di Calcolo**:
  - KPI relativo al Fatturato Ammissibile = (Fatturato derivante da attività ammissibili) / (Fatturato totale)
  - KPI relativo al Fatturato Allineato = (Fatturato derivante da attività allineate) / (Fatturato totale)
- **Numeratore**: Il numeratore va calcolato come la quota parte del fatturato totale derivante da attività economiche ammissibili e allineate alla tassonomia.
- **Denominatore**: Il denominatore comprende i ricavi netti conformemente al principio internazionale IAS n.1, al netto di eventuali aggiustamenti e rettifiche.

2. **Quota delle Spese in Conto Capitale (CapEx)**:
   - **Definizione**: La quota delle spese in conto capitale destinate ad attività economiche ammissibili e allineate alla tassonomia.

- **Modalità di Calcolo**:
  - KPI relativo al CapEx Ammissibile = (CapEx per attività ammissibili) / (CapEx totale)
  - KPI relativo al CapEx Allineato = (CapEx per attività allineate) / (CapEx totale)
- **Numeratore**: Il numeratore comprende le spese in conto capitale per attività ammissibili e allineate alla tassonomia, inclusi gli investimenti in attivi materiali e immateriali.
- **Denominatore**: Il denominatore deve comprendere gli incrementi degli attivi materiali e immateriali intercorsi durante l'esercizio, considerati prima dell'ammortamento, della svalutazione e di qualsiasi rivalutazione. Includere i costi contabilizzati sulla base degli standard IAS 16, IAS 38, IAS 40, IAS 41 e IFRS 16.

- **Focus sul Piano CapEx**:
  - Le spese sostenute nel contesto di un piano CapEx devono essere aggregate e presentate in modo chiaro, mostrando come queste spese contribuiscono agli obiettivi ambientali della tassonomia.
  - Queste spese possono includere investimenti in nuovi impianti, tecnologie innovative, miglioramenti delle infrastrutture esistenti e altre iniziative di capitale destinate a sostenere la transizione verso un'economia sostenibile.

3. **Quota delle Spese Operative (OpEx)**:
   - **Definizione**: La quota delle spese operative destinate ad attività economiche ammissibili e allineate alla tassonomia.

- **Modalità di Calcolo**:
  - KPI relativo all'OpEx Ammissibile = (OpEx per attività ammissibili) / (OpEx totale)
  - KPI relativo all'OpEx Allineato = (OpEx per attività allineate) / (OpEx totale)
- **Numeratore**: Il numeratore comprende le spese operative per attività ammissibili e allineate alla tassonomia, includendo costi diretti non capitalizzati come quelli di ricerca e sviluppo, manutenzione e riparazione.
- **Denominatore**: Il denominatore deve comprendere i costi diretti netti non capitalizzati legati a ricerca e sviluppo, misure di ristrutturazione di edifici, locazione a breve termine, manutenzione e riparazione, nonché qualsiasi altra spesa diretta connessa alla manutenzione quotidiana di immobili, impianti

e macchinari, necessaria per garantirne il funzionamento continuo ed efficace.

- **Focus sulle Spese OpEx**:
  - **Incluse**:
    - Materiale di manutenzione.
    - Costo della riparazione effettuata da un dipendente.
    - Costo della pulizia effettuata da un dipendente.
    - IT dedicato alla manutenzione.
  - **Escluse**:
    - Costi per materie prime.
    - Costo del dipendente che gestisce la macchina.
    - Costi di gestione dei progetti di R&D (PMO).
    - Elettricità, fluidi e reagenti per gestire le proprietà impianti e attrezzature.

Presentazione in Formato Tabellare

Le informazioni quantitative devono essere presentate utilizzando modelli standard specificati negli Allegati del Regolamento Delegato (UE) 2021/2178, come modificato dal Regolamento Delegato (UE) 2023/2486. I modelli includono:

1. **Quota del Fatturato**:
   - KPI relativo al Fatturato Ammissibile.
   - KPI relativo al Fatturato Allineato.
   - % di contribuzione a più obiettivi, laddove presente.

2. **Quota delle Spese in Conto Capitale (CapEx)**:
   - KPI relativo al CapEx Ammissibile.
   - KPI relativo al CapEx Allineato.
   - % di contribuzione a più obiettivi, laddove presente.

3. **Quota delle Spese Operative (OpEx)**:
   o KPI relativo all'OpEx Ammissibile.
   o KPI relativo all'OpEx Allineato.
   o % di contribuzione a più obiettivi, laddove presente.

Informazioni Qualitative

Oltre ai KPI quantitativi, le imprese non finanziarie devono fornire informazioni qualitative dettagliate per supportare e contestualizzare i KPI. Queste informazioni includono:

1. **Informazioni Contestuali sui KPI**:
   o Dettagli su come le attività economiche contribuiscono a più obiettivi ambientali della tassonomia e spiegazioni per evitare doppi conteggi nei KPI.
   o Dettagli sulle attività ammissibili e allineate alla tassonomia, specificando la loro natura e le modalità di conformità ai criteri di vaglio tecnico.

- Spiegazioni qualitative delle variazioni nei KPI durante l'esercizio, includendo dettagli sui ricavi provenienti da contratti con i clienti, leasing e altre fonti di reddito.
- Informazioni sulla disaggregazione dei KPI, in particolare quando i processi di produzione sono utilizzati in modo integrato.

2. **Informazioni Supplementari per ciascun KPI**:
   - **Quota del Fatturato**:
     - Una scomposizione quantitativa del numeratore per illustrare i principali fattori di variazione del KPI durante l'esercizio, come i ricavi provenienti da contratti con i clienti, leasing o altre fonti di reddito.
     - Informazioni sugli importi connessi ad attività economiche allineate alla tassonomia condotte per il consumo interno della stessa impresa non finanziaria.

- Una spiegazione qualitativa dei principali fattori di variazione del KPI durante l'esercizio.

o **Quota delle Spese in Conto Capitale (CapEx)**:
- Un'aggregazione degli incrementi a immobili, impianti e macchinari, ad attivi immateriali generati internamente, anche in un'aggregazione aziendale, o acquisiti, ad investimenti immobiliari acquisiti o rilevati nel valore contabile e, ove applicabile, agli attivi consistenti nel diritto di utilizzo capitalizzati.
- Un'aggregazione degli incrementi riconducibili ad acquisizioni avvenute tramite aggregazioni aziendali.
- Un'aggregazione delle spese sostenute in relazione ad attività economiche allineate alla tassonomia e delle spese sostenute nel contesto di un piano CapEx.

- **Quota delle Spese Operative (OpEx):**
  - Una scomposizione quantitativa del numeratore per illustrare i principali fattori di variazione del KPI durante l'esercizio.
  - Una spiegazione qualitativa dei principali fattori di variazione del KPI durante l'esercizio.
  - Una spiegazione delle altre spese connesse alla manutenzione quotidiana degli elementi di immobili, impianti e macchinari incluse nel calcolo delle spese operative, tanto al numeratore quanto al denominatore.

3.5. Informativa prevista per le Imprese Finanziarie.

3.5.1. Informativa prevista per i Gestori di Attività Finanziarie.

In conformità al Regolamento Delegato (UE) 2021/2178 modificato dal Regolamento Delegato (UE) 2023/2486, le informazioni che i gestori di attività finanziarie devono comunicare includono una serie di indicatori fondamentali di prestazione (KPI) sia quantitativi che qualitativi. Gli Allegati III e IV del Regolamento forniscono specifiche dettagliate sui contenuti e sulla metodologia di calcolo dei KPI.

Informazioni Quantitative

Indicatori Fondamentali di Prestazione (KPI) dei Gestori di Attività Finanziarie

1. **Contenuto del KPI**:
   o Il KPI deve essere calcolato come il rapporto tra il numeratore (media ponderata del valore degli investimenti in attività economiche

allineate alla tassonomia delle imprese beneficiarie degli investimenti) e il denominatore (valore totale degli investimenti gestiti).

2. **Numeratore**:
   - Il numeratore deve consistere in una media ponderata del valore degli investimenti nelle attività economiche allineate alla tassonomia delle imprese beneficiarie degli investimenti. Tale media ponderata deve basarsi sulla quota di attività economiche allineate alla tassonomia delle imprese beneficiarie degli investimenti, misurata attraverso i seguenti elementi:
     - Se l'impresa beneficiaria degli investimenti è un'impresa non finanziaria, il KPI relativo al fatturato e quello relativo alle spese in conto capitale.

- Se l'impresa beneficiaria degli investimenti è un gestore di attività finanziarie, il KPI basato sul fatturato e quello basato sulle spese in conto capitale.
- Se l'impresa beneficiaria degli investimenti è un ente creditizio, il coefficiente di attivi verdi (GAR) basato sul fatturato e sulle spese in conto capitale.
- Se l'impresa beneficiaria degli investimenti è un'impresa di investimento, gli investimenti e i ricavi risultanti dal calcolo del KPI basato sul fatturato e del KPI basato sulle spese in conto capitale.
- Se l'impresa beneficiaria degli investimenti è un'impresa di assicurazione o di riassicurazione, gli investimenti, i premi lordi contabilizzati

o, a seconda dei casi, il totale dei ricavi da assicurazioni.

3. **Denominatore**:
   - Il denominatore deve consistere nel valore di tutte le attività finanziarie gestite, senza le esposizioni di cui all'articolo 7, paragrafo 1, del presente regolamento, risultante dalle attività di gestione collettiva e individuale dei portafogli dei gestori di attività finanziarie.
   - I gestori di attività finanziarie devono comunicare un KPI basato sui KPI relativi al fatturato delle imprese beneficiarie degli investimenti, nonché un KPI basato sui KPI relativi alle spese in conto capitale di dette imprese.

Presentazione in Formato Tabellare

Le informazioni quantitative devono essere presentate utilizzando modelli standard specificati nell'Allegato IV del Regolamento. Tali modelli includono:

- Valore medio ponderato di tutti gli investimenti diretti a finanziare o associati ad attività economiche allineate alla tassonomia, con ponderazioni basate su fatturato e spese in conto capitale.
- Percentuale di attivi coperti dal KPI rispetto al totale degli investimenti gestiti.

Informazioni Qualitative

Oltre ai KPI quantitativi, i gestori di attività finanziarie devono fornire informazioni qualitative dettagliate per supportare e contestualizzare i KPI. L'Allegato XI del Regolamento specifica i requisiti per queste informazioni qualitative, che includono:

1. **Informazioni Contestuali**:
   o Spiegazioni riguardanti l'ambito degli attivi e delle attività coperti dai KPI.
   o Informazioni sulle fonti dei dati utilizzati e sui loro limiti.

- Descrizione della conformità al Regolamento (UE) 2020/852 in relazione alla strategia aziendale, ai processi di progettazione dei prodotti e all'impegno con clienti e controparti.

2. **Evoluzione delle Attività Economiche**:
   - Spiegazioni sulla natura e gli obiettivi delle attività economiche allineate alla tassonomia.
   - Descrizione dell'evoluzione delle attività economiche allineate alla tassonomia nel tempo, a partire dal secondo anno di attuazione, distinguendo tra elementi connessi alle attività commerciali ed elementi connessi alla metodologia e ai dati.

3. **Informazioni Supplementari**:
   - Per gli enti creditizi non tenuti a comunicare informazioni quantitative per le esposizioni da negoziazione, è richiesta un'informativa qualitativa sull'allineamento dei portafogli di negoziazione al regolamento.

- Informazioni aggiuntive o complementari a supporto delle strategie dell'impresa finanziaria e del peso del finanziamento di attività economiche allineate alla tassonomia nel contesto della loro attività globale.

3.5.2. Informativa prevista per gli enti creditizi

In conformità al Regolamento Delegato (UE) 2021/2178, integrato dal Regolamento Delegato (UE) 2023/2486, le informazioni che gli enti creditizi devono comunicare includono una serie di indicatori fondamentali di prestazione (KPI) sia quantitativi che qualitativi. Gli Allegati V e VI del Regolamento forniscono specifiche dettagliate sui contenuti e sulla metodologia di calcolo dei KPI.

Informazioni Quantitative

Indicatori Fondamentali di Prestazione (KPI) degli Enti Creditizi

1. **Contenuto del KPI**:

- Il KPI deve essere calcolato come il rapporto tra il numeratore (valore degli attivi verdi) e il denominatore (valore totale degli attivi in bilancio).

2. **Numeratore**:
    - Il numeratore deve includere il valore contabile lordo dei prestiti, anticipi, titoli di debito, partecipazioni e garanzie reali recuperate che finanziano attività economiche allineate alla tassonomia sulla base del KPI relativo al fatturato e del KPI relativo alle spese in conto capitale degli attivi sottostanti.

    - **Tipologie di attivi coperti**:
        - Attività finanziarie al costo ammortizzato.
        - Attività finanziarie al fair value rilevato nelle altre componenti di conto economico complessivo.
        - Investimenti in controllate.

- Joint venture e società collegate.
- Attività finanziarie designate al fair value rilevato nell'utile (perdita) d'esercizio e attività finanziarie non per negoziazione obbligatoriamente al fair value rilevato nell'utile (perdita) d'esercizio.
- Garanzie immobiliari ottenute dagli enti creditizi mediante presa di possesso in cambio della cancellazione di debiti.
- Esposizioni verso amministrazioni centrali, banche centrali ed emittenti sovranazionali, nonché derivati devono essere esclusi dal numeratore ma indicati separatamente.

3. **Denominatore**:
   - Il denominatore deve coprire il totale dei prestiti e degli anticipi, dei titoli di debito, delle partecipazioni e delle garanzie reali recuperate, nonché tutti gli altri attivi in bilancio coperti.

Presentazione in Formato Tabellare

Le informazioni quantitative devono essere presentate utilizzando modelli standard specificati nell'Allegato VI del Regolamento. Tali modelli includono:

- Valore degli attivi per il calcolo del GAR (Green Asset Ratio).
- Informazioni sul settore e sui flussi di nuovi prestiti.
- KPI per le esposizioni fuori bilancio e per il portafoglio di negoziazione.
- KPI per ricavi relativi a commissioni e compensi derivanti da servizi diversi dai prestiti e dalla gestione di attività finanziarie.

Informazioni Qualitative

Oltre ai KPI quantitativi, gli enti creditizi devono fornire informazioni qualitative dettagliate per supportare e contestualizzare i KPI. L'Allegato XI del Regolamento specifica i requisiti per queste informazioni qualitative, che includono:

1. **Informazioni Contestuali**:
   - Spiegazioni riguardanti l'ambito degli attivi e delle attività coperti dai KPI.
   - Informazioni sulle fonti dei dati utilizzati e sui loro limiti.
   - Descrizione della conformità al Regolamento (UE) 2020/852 in relazione alla strategia aziendale, ai processi di progettazione dei prodotti e all'impegno con clienti e controparti.

2. **Evoluzione delle Attività Economiche**:
   - Spiegazioni sulla natura e gli obiettivi delle attività economiche allineate alla tassonomia.
   - Descrizione dell'evoluzione delle attività economiche allineate alla tassonomia nel tempo, a partire dal secondo anno di attuazione, distinguendo tra elementi connessi alle attività commerciali ed elementi connessi alla metodologia e ai dati.

3. **Informazioni Supplementari**:

- Per gli enti creditizi non tenuti a comunicare informazioni quantitative per le esposizioni da negoziazione, è richiesta un'informativa qualitativa sull'allineamento dei portafogli di negoziazione al regolamento.
- Informazioni aggiuntive o complementari a supporto delle strategie dell'impresa finanziaria e del peso del finanziamento di attività economiche allineate alla tassonomia nel contesto della loro attività globale.

3.5.3. Informativa prevista per le imprese di investimento

Le imprese di investimento sono tenute a comunicare informazioni quantitative e qualitative riguardanti la sostenibilità ambientale delle loro attività, come specificato negli Allegati VII e VIII del Regolamento Delegato (UE) 2021/2178, e successivamente modificato dal Regolamento Delegato (UE) 2023/2486.

Informative Quantitative

Le informative quantitative devono includere i Key Performance Indicators (KPI) relativi alle attività ecosostenibili delle imprese di investimento. Questi KPI variano a seconda della tipologia di attività svolta:

1. **Imprese di investimento che negoziano per conto proprio**:
   - Quota di attivi associati alle attività economiche ammissibili alla tassonomia rispetto agli attivi totali.
   - Quota di attivi associati alle attività economiche allineate alla tassonomia rispetto agli attivi associati alle attività economiche ammissibili alla tassonomia.
   - Quota di attivi associati alle attività economiche allineate alla tassonomia rispetto agli attivi totali (Green Asset Ratio - GAR).

2. **Imprese di investimento che forniscono servizi e attività di investimento diversi dalla negoziazione per conto proprio**:

- Quota dei ricavi (commissioni, compensi e altri benefici monetari) derivanti da servizi e attività riguardanti attività economiche allineate alla tassonomia rispetto al totale dei ricavi derivanti da tutti i servizi e da tutte le attività.

Metodo di Calcolo dei KPI

Il calcolo dei KPI si basa sul concetto di "impresa beneficiaria degli investimenti". Le imprese di investimento devono considerare le attività economiche delle imprese in cui investono per determinare la quota di attività allineate alla tassonomia. Il calcolo deve includere una scomposizione per attività di transizione e attività abilitanti.

Le esposizioni verso amministrazioni centrali, banche centrali ed emittenti sovranazionali sono escluse dal calcolo del numeratore e del denominatore dei KPI.

Presentazione in Formato Tabellare

Le informazioni quantitative devono essere presentate utilizzando modelli standard specificati nell'Allegato VIII del Regolamento Delegato (UE) 2021/2178, come modificato dal Regolamento Delegato (UE) 2023/2486. Questo modello include:

- Sintesi dei KPI che le imprese di investimento devono comunicare.
- KPI delle imprese di investimento:
    - Servizi di negoziazione per conto proprio.
    - Altri servizi.

Informative Qualitative

Oltre ai KPI quantitativi, le imprese di investimento devono fornire anche informazioni qualitative a supporto dei dati presentati. Queste informazioni includono:

1. **Informazioni Contestuali**:
    - L'ambito degli attivi e delle attività coperto dai KPI.
    - Le fonti dei dati utilizzati e i loro limiti.

- Spiegazioni in merito alla natura e agli obiettivi delle attività economiche allineate alla tassonomia.
- Evoluzione delle attività economiche allineate alla tassonomia nel tempo.

2. **Altri Elementi da Considerare**:
   - Gli obiettivi ambientali e la natura delle attività (abilitanti o di transizione).
   - Le informazioni devono essere comunicate dopo il netting di potenziali coperture e compensazioni, indipendentemente dallo strumento utilizzato.

3.5.4. Informativa prevista per le imprese di assicurazione e di riassicurazione

Le imprese di assicurazione e di riassicurazione devono comunicare informazioni quantitative e qualitative riguardanti la sostenibilità ambientale delle loro attività, come specificato negli Allegati IX e X del

Regolamento Delegato (UE) 2021/2178, modificato dal Regolamento Delegato (UE) 2023/2486.

Informative Quantitative

Indicatori Fondamentali di Prestazione (KPI) delle Imprese di Assicurazione e di Riassicurazione

1. **KPI relativo agli Investimenti**:
   o Il KPI relativo agli investimenti deve presentare la media ponderata degli investimenti diretti a finanziare o associati ad attività economiche allineate alla tassonomia.
   o Gli investimenti includono tutti gli investimenti diretti e indiretti, come quelli in organismi di investimento collettivo, partecipazioni, prestiti, immobili e altri attivi materiali e immateriali.
   o Questo KPI deve essere indicato tanto in percentuale del totale degli investimenti quanto in unità monetarie assolute.
   o L'informativa deve distinguere la quota di investimenti detenuti in relazione a contratti di assicurazione vita in cui il rischio di

investimento è sopportato dai contraenti e la quota degli investimenti rimanenti.

2. **KPI relativo alle Sottoscrizioni:**
   o Questo KPI si applica alle imprese di assicurazione e di riassicurazione diverse dalle imprese di assicurazione vita.
   o Deve presentare i ricavi da assicurazioni non vita, o riassicurazioni, derivanti da "premi lordi contabilizzati" corrispondenti alle attività di assicurazione o riassicurazione allineate alla tassonomia.
   o Il KPI deve essere rappresentato in termini percentuali rispetto al totale dei premi lordi contabilizzati, al totale dei ricavi da assicurazioni non vita o al totale dei ricavi da riassicurazioni, a seconda dei casi.

Metodo di Calcolo dei KPI

Simile alle imprese di investimento, anche le imprese di assicurazione e di riassicurazione devono considerare le attività economiche delle "imprese beneficiarie degli investimenti" per determinare la quota di attività allineate alla tassonomia. Il calcolo deve includere una scomposizione per attività di transizione e attività abilitanti.

Le esposizioni verso amministrazioni centrali, banche centrali ed emittenti sovranazionali sono escluse dal calcolo del numeratore e del denominatore dei KPI.

Presentazione in Formato Tabellare

Le informazioni quantitative devono essere presentate utilizzando modelli standard specificati nell'Allegato X del Regolamento Delegato (UE) 2021/2178, come modificato dal Regolamento Delegato (UE) 2023/2486. Questo modello include:

- KPI relativo alle Sottoscrizioni:
    - Premi lordi contabilizzati per diverse categorie di attività, distinguendo tra attività allineate alla tassonomia, attività ammissibili alla tassonomia ma non allineate, e attività non ammissibili alla tassonomia.

- Quota degli Investimenti:
  - Valore e quota degli investimenti allineati alla tassonomia, sia in termini assoluti che in percentuale del totale degli attivi coperti dal KPI.
  - Scomposizione del denominatore del KPI, come la quota di esposizioni verso diverse categorie di controparti (imprese finanziarie e non finanziarie soggette o meno agli obblighi di informativa della direttiva 2013/34/UE, altre controparti) e la quota di investimenti in attività non ammissibili alla tassonomia.

Informative Qualitative

Oltre ai KPI quantitativi, le imprese di assicurazione e di riassicurazione devono fornire anche informazioni qualitative a supporto dei dati presentati. Queste informazioni includono:

1. **Informazioni Contestuali**:

- L'ambito degli attivi e delle attività coperto dai KPI.
- Le fonti dei dati utilizzati e i loro limiti.
- Spiegazioni in merito alla natura e agli obiettivi delle attività economiche allineate alla tassonomia.
- Evoluzione delle attività economiche allineate alla tassonomia nel tempo.

2. **Altri Elementi da Considerare**:
    - Gli obiettivi ambientali e la natura delle attività (abilitanti o di transizione).
    - Le informazioni devono essere comunicate dopo il netting di potenziali coperture e compensazioni, indipendentemente dallo strumento utilizzato.

4. Conclusione

La Tassonomia europea rappresenta uno strumento che ha il potenziale di rivoluzionare la gestione aziendale e i processi di pianificazione e controllo, guidando le imprese verso un futuro più sostenibile. L'integrazione dei KPI della Tassonomia UE nei processi di pianificazione e controllo aziendale può rappresentare una sfida per molti direttori amministrativi e finanziari.

Tuttavia, una gestione efficace di questi indicatori non solo permette di ottimizzare le performance economiche, ma anche di migliorare la reputazione aziendale e di attrarre investitori e clienti attenti alla sostenibilità.

Un adeguato allineamento alle metriche della Tassonomia UE può favorire l'accesso a opportunità di finanziamento legate alla sostenibilità, come i Green Bond e i fondi dedicati agli investimenti ecosostenibili. Inoltre, queste metriche offrono un'immagine precisa del grado di sostenibilità delle attività economiche dell'azienda, migliorando il profilo di rischio della società e rendendola più attraente per gli investitori.

L'adozione della Tassonomia UE rappresenta un'opportunità strategica per le organizzazioni di accedere a nuovi mercati, attrarre capitali e costruire una solida reputazione nel campo della sostenibilità. Le aziende che apprezzeranno questa opportunità saranno in grado di adattarsi alle mutevoli esigenze dell'ambiente economico e di prosperare nel lungo termine.

Nel futuro, le imprese si troveranno sempre più spesso a dover navigare in un contesto economico in costante evoluzione, in cui la pressione da parte degli stakeholder per operare in modo più ecosostenibile sarà sempre maggiore. In quest'ottica, la Tassonomia UE rappresenta un faro che può aiutare le società a orientare la rotta attraverso le acque incerte, fornendo indicazioni chiare e affidabili per una gestione aziendale più sostenibile e redditizia.

Il cammino verso l'integrazione della Tassonomia UE nei processi di pianificazione e controllo rappresenta un viaggio verso un profondo cambiamento culturale che deve essere intrapreso con determinazione dal vertice aziendale. In questo contesto, è imperativo riflettere sul ruolo chiave del CFO. Nel caso in cui il CEO e il board non siano già totalmente focalizzati sull'importante ruolo della sostenibilità nell'ambito aziendale, agendo come sparring partner strategico, il CFO dovrebbe assumersi la responsabilità di accendere quella consapevolezza e di guidare il vertice verso il necessario cambiamento di passo.

Questa attitudine all'azione porrebbe le basi per un'organizzazione che non solo aderisca ai principi ambientali del Green Deal europeo per conformità, ma che li abbracci come parte centrale della propria strategia a lungo termine. La capacità di integrare i principi della Tassonomia UE nei processi decisionali e operativi quotidiani sarà determinante per il successo a lungo termine delle aziende in un mondo che sta diventando sempre più consapevole della necessità di uno sviluppo sostenibile.

Postfazione

di Carmine Scoglio e Felicita De Marco

In un periodo caratterizzato da sfide ambientali, economiche e sociali, il libro "Rendicontazione delle informative e strategie per la transizione ecosostenibile: il ruolo della Tassonomia ESG" si rivela una guida fondamentale per comprendere e applicare le normative europee sulla sostenibilità.

In sintesi, possiamo dire che la Tassonomia è un "vocabolario ESG" comune a livello europeo e funzionale all'utilizzo di una classificazione univoca delle attività sostenibili. C'è, di fatto, un prima e un dopo la Tassonomia ESG: se prima si poteva usare la classificazione ESG per iniziative e investimenti in funzione della individuale "idea" di sostenibilità, con la Tassonomia ESG si è creato un linguaggio comune, rendendo oggettivo il concetto di sostenibilità e, quindi, garantendo che i vari attori in campo – la finanza, le aziende, senza dimenticare i governi che devono indirizzare le politiche nazionali e, attraverso queste, gli incentivi a privati e imprese – si confrontino sulla base di regole ispirate a logiche di trasparenza e comparabilità.

La finanza gioca un ruolo cruciale nell'implementazione delle pratiche ESG (ambientali, sociali e di governance).

La "F" di Finanza integra perfettamente l'acronimo ESG. Senza una solida base economico-finanziaria, le aziende non possono perseguire obiettivi sostenibili. La creazione di valore a lungo termine deve considerare capitali, contesti, rischi e opportunità sostenibili, rendendo il reporting di sostenibilità uno strumento imprescindibile nel percorso di trasformazione delle aziende.

La Tassonomia ESG fornisce una base scientifica per classificare le attività economiche sostenibili, riducendo il rischio di greenwashing e aumentando la fiducia degli investitori. Essa offre trasparenza e comparabilità, permettendo alle aziende di dichiarare in che misura le loro attività sono sostenibili.

"Misurare" il grado di allineamento alla Tassonomia è il tema chiave. Sarebbe tuttavia riduttivo concepire la Tassonomia solo come un elenco di descrizioni in quanto il suo vero valore sta nel tradurre in numero ciò che potrebbe sembrare solo un racconto di natura qualitativo. Il passaggio alla "misurazione della sostenibilità" è forse l'aspetto di maggior rilievo sebbene sottenda non poche complessità.

A titolo esemplificativo, lo strumento che la norma introduce a tal fine per le imprese finanziarie è il GAR – Green Asset Ratio che rappresenta la quota green degli attivi bancari, in coerenza con la disciplina del Regolamento. L'esercizio non è affatto semplice perché sottende l'analisi di ciascuna componente dell'attivo con l'obiettivo di valutare i) se sia ammissibile ai fini GAR (alcune attività sono escluse dal calcolo) e, in caso positivo, ii) se abbia le caratteristiche di allineamento alla Tassonomia UE. Ciò compendia non solo interventi a valere dei processi interni (nuove competenze, per esempio) ma anche la disponibilità di dati e informazioni che, fino a ora, non erano rilevanti per la banca finanziatrice. Relazione che, in ultima istanza, è il vero obiettivo della norma, la quale chiede alle Banche di essere promotrici della trasformazione sostenibile agendo, anche attraverso l'erogazione creditizia e la misurazione della componente green dei crediti concessi, quale volano del cambiamento.

Con l'entrata in vigore della CSRD (Corporate Sustainability Reporting Directive), il numero di imprese obbligate a conformarsi aumenterà, rendendo ancora più centrale l'importanza della Tassonomia.

La transizione verso la sostenibilità richiede l'impegno di tutte le parti coinvolte, comprese le PMI, che devono adottare comportamenti, strumenti, indicatori e obiettivi misurabili e comparabili. Le imprese che non si adegueranno perderanno attrattività in termini di mercato, capitali, innovazione e competenze. La sostenibilità non è solo un requisito di compliance, ma un elemento strategico per la crescita e il successo a lungo termine delle aziende. Potremmo anche dire che si tratta di un aspetto di cui tener conto affinché l'impresa abbia e continui ad avere valore nel tempo; non è dunque solo un tema di valori.

In conclusione, questo libro fornisce strumenti preziosi per navigare nel complesso panorama normativo della sostenibilità, offrendo indicazioni per comprendere e integrare la Tassonomia ESG nelle strategie aziendali e contribuire attivamente alla transizione verso un'economia ecosostenibile.

ALLEGATO A

Regolamento (UE) 2020/852 del Parlamento europeo e del Consiglio del 18 giugno 2020 relativo all'istituzione di un quadro che favorisce gli investimenti sostenibili e recante modifica del Regolamento (UE) 2019/2088.

Regolamento - 2020/852 - EN - EUR-Lex

eur-lex.europa.eu

ALLEGATO B

Regolamento Delegato (UE) 2021/2178 della Commissione del 6 luglio 2021 che integra il Regolamento (UE) 2020/852 del Parlamento europeo e del Consiglio precisando il contenuto e la presentazione delle informazioni che le imprese soggette all'articolo 19 bis o all'articolo 29 bis della Direttiva 2013/34/ue devono comunicare in merito alle attività economiche ecosostenibili e specificando la metodologia per conformarsi a tale obbligo di informativa.

Regolamento delegato - 2021/2178 - EN - EUR-Lex

eur-lex.europa.eu

ALLEGATO C

Regolamento Delegato (UE) 2021/2139 della Commissione del 4 giugno 2021 che integra il Regolamento (UE) 2020/852 del Parlamento europeo e del Consiglio fissando i criteri di vaglio tecnico che consentono di determinare a quali condizioni si possa considerare che un'attività economica contribuisce in modo sostanziale alla mitigazione dei cambiamenti climatici o all'adattamento ai cambiamenti climatici e se non arreca un danno significativo a nessun altro obiettivo ambientale.

Regolamento delegato - 2021/2139 - EN - EUR-Lex

eur-lex.europa.eu

ALLEGATO D

Regolamento Delegato (UE) 2022/1214 della Commissione del 9 marzo 2022 che modifica il Regolamento Delegato (UE) 2021/2139 per quanto riguarda le attività economiche in taluni settori energetici e il Regolamento Delegato (UE) 2021/2178 per quanto riguarda la comunicazione al pubblico di informazioni specifiche relative a tali attività economiche.

Regolamento delegato - 2022/1214 - EN - EUR-Lex

eur-lex.europa.eu

ALLEGATO E

Regolamento Delegato (UE) 2023/2486 della Commissione del 27 giugno 2023 che integra il Regolamento (UE) 2020/852 del Parlamento europeo e del Consiglio fissando i criteri di vaglio tecnico che consentono di determinare a quali condizioni si possa considerare che un'attività economica contribuisce in modo sostanziale all'uso sostenibile e alla protezione delle acque e delle risorse marine, alla transizione verso un'economia circolare, alla prevenzione e alla riduzione dell'inquinamento o alla protezione e al ripristino della biodiversità e degli ecosistemi e se non arreca un danno significativo a nessun altro obiettivo ambientale, e che modifica il Regolamento Delegato (UE) 2021/2178 per quanto riguarda la comunicazione al pubblico di informazioni specifiche relative a tali attività economiche.

Regolamento delegato - UE - 2023/2486 - EN - EUR-...

eur-lex.europa.eu

ALLEGATO F

Regolamento Delegato (UE) 2023/2485 della Commissione del 27 giugno 2023 che modifica il Regolamento Delegato (UE) 2021/2139 fissando i criteri di vaglio tecnico supplementari che consentono di determinare a quali condizioni si possa considerare che talune attività economiche contribuiscono in modo sostanziale alla mitigazione dei cambiamenti climatici o all'adattamento ai cambiamenti climatici e se non arrecano un danno significativo a nessun altro obiettivo ambientale.

Regolamento delegato - UE - 2023/2485 - EN - EUR-...

eur-lex.europa.eu

ALLEGATO G

Archivio FAQs

FAQ

ec.europa.eu

Bibliografia

- Commissione europea (2022a). "Obiettivo di riduzione delle emissioni del 55%". Disponibile su: *https://ec.europa.eu/clima/news/2022-12-14_it*.

- Commissione europea (2022b). "Diminuzione del 31% delle emissioni". Disponibile su: *https://ec.europa.eu/clima/news/2022-12-14_it*.

- Commissione europea (2020a). "Piano d'Azione per l'Economia Circolare". Disponibile su: *https://ec.europa.eu/environment/strategy/circular-economy-action-plan_it*.

- Commissione europea (2020b). "Aumento del riciclaggio e riduzione dei rifiuti plastici". Disponibile su: *https://ec.europa.eu/environment/waste/plastic_waste.htm*.

- Commissione europea (2023a). "Energia rinnovabile". Disponibile su:

https://ec.europa.eu/energy/topics/renewable-energy_it.

- Commissione europea (2023b). "Obiettivo del 32% di energia rinnovabile entro il 2030". Disponibile su: *https://ec.europa.eu/energy/topics/renewable-energy/renewable-energy-directive/overview_it.*

- Commissione europea (2020c). "Ondata di Ristrutturazioni". Disponibile su: *https://ec.europa.eu/energy/topics/energy-efficiency/energy-efficient-buildings/renovation-wave_it.*

- Commissione europea (2023c). "Aumento delle vendite di auto elettriche". Disponibile su: *https://ec.europa.eu/transport/themes/clean-transport-urban-transport/cleaner-transport-sustainable-and-smart-mobility-strategy_it.*

- Commissione europea (2023d). "Riduzione dell'uso di pesticidi". Disponibile su:

https://ec.europa.eu/food/plant/pesticides/sustainable-use-pesticides_it.

- Commissione europea (2020d). "Investimenti necessari per il Green Deal". Disponibile su: *https://ec.europa.eu/info/strategy/priorities-2019-2024/european-green-deal_it.*

- Commissione europea (2020e). "Fondo per una Transizione Giusta". Disponibile su: *https://ec.europa.eu/info/strategy/recovery-plan-europe_it.*

- Commissione europea (2020f). "InvestEU". Disponibile su: *https://europa.eu/investeu/home_it.*

- Commissione europea (2020g). "Meccanismo per una Transizione Equa". Disponibile su: *https://ec.europa.eu/regional_policy/en/funding/just-transition-fund/.*

- Commissione europea (2020h). "Strumento di Recupero e Resilienza". Disponibile su: *https://ec.europa.eu/info/business-economy-*

euro/recovery-coronavirus/recovery-and-resilience-facility_it.

- Commissione europea (2020i). "Climate Law". Disponibile su: ***https://ec.europa.eu/clima/eu-climate-action/law_it.***

- Commissione europea (2020j). "Regolamento sulla Tassonomia". Disponibile su: ***https://ec.europa.eu/info/law/taxonomy-regulation-eu-2020-852_it.***

- Commissione europea (2020k). "Direttiva sulla divulgazione delle informazioni non finanziarie". Disponibile su: ***https://ec.europa.eu/info/business-economy-euro/company-reporting-and-auditing/company-reporting/non-financial-reporting_it.***

Copyright © 2024 Antonio Schioppi

Tutti i diritti riservati.

Codice ISBN: 9798334287716
ISBN-13: Independently published

www.ingramcontent.com/pod-product-compliance
Lightning Source LLC
Chambersburg PA
CBHW071935210526
45479CB00002B/690